AF285016

Seemeilenbuch

Das Eintragalbum und Logbuch für Seefahrten und Bootsfans!

Die Hafenprinzessin

Persönliche Informationen

Name: Vorname:

Geburtsdatum: Geburtsort:

PLZ/Ort: Straße:

E-Mail/Telefon:

Segel-/Sportbootverein:

Seemeilenbuch-Nr.:

Frühere Seemeilen-Erfahrungen:

Seemeilen insgesamt: Zeitraum:

Ich bestätige mit meiner Unterschrift die Richtigkeit der Angaben zur Person und die
ordnungsgemäße Führung dieses Seemeilenbuchs.

Datum, Unterschrift

Impressum

© 2018 youneo projects flick und weber GbR

Verantwortlich

Christian Flick / Mathias Weber
youneo projects flick und weber GbR, Poststraße 1, 49326 Melle
info@youneoprojects.de, www.youneoprojects.de

Herstellung und Verlag

BoD - Books on Demand, Norderstedt

Bildquellen

© Maksim Shmeljov/shutterstock (Cover), ddok/shutterstock, bioraven/shutterstock

Hafenprinzessin® ist eine eingetragene Marke der youneo projects flick und weber GbR.

ISBN: 9783752846812

Fähigkeitsnachweise

Scheine und Zeugnisse über die Fähigkeiten des Buchinhabers (z.B. Segelscheine, Sportbootführerscheine, Funkscheine):

Beschreibung:	Nr.:	Datum:

Inhaltsverzeichnis der Seemeilen-Nachweise

	Gebiet	Fahrtzeit	Seemeilen
1			
2			
3			
4			
5			
6			
7			
8			
9			
10			
		Zwischensumme:	

Inhaltsverzeichnis der Seemeilen-Nachweise

	Gebiet	Datum/Zeitraum	Seemeilen
11			
12			
13			
14			
15			
16			
17			
18			
19			
20			
		Zwischensumme:	

Inhaltsverzeichnis der Seemeilen-Nachweise

	Gebiet	Datum/Zeitraum	Seemeilen
21			
22			
23			
24			
25			
26			
27			
28			
29			
30			
		Zwischensumme:	

Inhaltsverzeichnis der Seemeilen-Nachweise

	Gebiet	Datum/Zeitraum	Seemeilen
31			
32			
33			
34			
35			
36			
37			
38			
39			
40			
		Zwischensumme:	

Inhaltsverzeichnis der Seemeilen-Nachweise

	Gebiet	Datum/Zeitraum	Seemeilen
41			
42			
43			
44			
45			
46			
47			
48			
49			
50			
		Gesamt:	

Seemeilen-Nachweis Nr. 1

Der Buchinhaber dokumentiert seine Teilnahme an folgender Fahrt:

1. Grundinformationen:

Gebiet:

Route:

Strecke über Grund in sm: Fahrtzeit von/bis:

Funktion an Bord:

2. Informationen zum Schiff:

Name:

Typ: ◯ Segelyacht   ◯ Motoryacht

Eigner: Flagge:

3. Informationen zum Schiffsführer:

Name: Vorname:

Anschrift:

Höchster nautischer Fähigkeitsnachweis des Schiffsführers:

Ich garantiere die Richtigkeit der obigen Angaben.

Datum: Unterschrift:

Anmerkungen, Hafenstenmpel, etc.

Seemeilen-Nachweis Nr. 2

Der Buchinhaber dokumentiert seine Teilnahme an folgender Fahrt:

1. Grundinformationen:

Gebiet:

Route:

Strecke über Grund in sm: Fahrtzeit von/bis:

Funktion an Bord:

2. Informationen zum Schiff:

Name:

Typ: ○ Segelyacht   ○ Motoryacht

Eigner: Flagge:

3. Informationen zum Schiffsführer:

Name: Vorname:

Anschrift:

Höchster nautischer Fähigkeitsnachweis des Schiffsführers:

Ich garantiere die Richtigkeit der obigen Angaben.

Datum: Unterschrift:

Anmerkungen, Hafenstenmpel, etc.

Seemeilen-Nachweis Nr. 3
Der Buchinhaber dokumentiert seine Teilnahme an folgender Fahrt:

1. Grundinformationen:

Gebiet:

Route:

Strecke über Grund in sm: Fahrtzeit von/bis:

Funktion an Bord:

2. Informationen zum Schiff:

Name:

Typ: ○ Segelyacht   ○ Motoryacht

Eigner: Flagge:

3. Informationen zum Schiffsführer:

Name: Vorname:

Anschrift:

Höchster nautischer Fähigkeitsnachweis des Schiffsführers:

Ich garantiere die Richtigkeit der obigen Angaben.

Datum: Unterschrift:

Anmerkungen, Hafenstenmpel, etc.

Seemeilen-Nachweis Nr. 4

Der Buchinhaber dokumentiert seine Teilnahme an folgender Fahrt:

1. Grundinformationen:

Gebiet:

Route:

Strecke über Grund in sm: Fahrtzeit von/bis:

Funktion an Bord:

2. Informationen zum Schiff:

Name:

Typ: ○ Segelyacht   ○ Motoryacht

Eigner: Flagge:

3. Informationen zum Schiffsführer:

Name: Vorname:

Anschrift:

Höchster nautischer Fähigkeitsnachweis des Schiffsführers:

Ich garantiere die Richtigkeit der obigen Angaben.

Datum: Unterschrift:

Anmerkungen, Hafenstenmpel, etc.

Seemeilen-Nachweis Nr. 5

Der Buchinhaber dokumentiert seine Teilnahme an folgender Fahrt:

1. Grundinformationen:

Gebiet:

Route:

Strecke über Grund in sm: Fahrtzeit von/bis:

Funktion an Bord:

2. Informationen zum Schiff:

Name:

Typ: ○ Segelyacht   ○ Motoryacht

Eigner: Flagge:

3. Informationen zum Schiffsführer:

Name: Vorname:

Anschrift:

Höchster nautischer Fähigkeitsnachweis des Schiffsführers:

Ich garantiere die Richtigkeit der obigen Angaben.

Datum: Unterschrift:

Anmerkungen, Hafenstenmpel, etc.

Seemeilen-Nachweis Nr. 6

Der Buchinhaber dokumentiert seine Teilnahme an folgender Fahrt:

1. Grundinformationen:

Gebiet:

Route:

Strecke über Grund in sm: Fahrtzeit von/bis:

Funktion an Bord:

2. Informationen zum Schiff:

Name:

Typ: ◯ Segelyacht   ◯ Motoryacht

Eigner: Flagge:

3. Informationen zum Schiffsführer:

Name: Vorname:

Anschrift:

Höchster nautischer Fähigkeitsnachweis des Schiffsführers:

Ich garantiere die Richtigkeit der obigen Angaben.

Datum: Unterschrift:

Anmerkungen, Hafenstenmpel, etc.

Seemeilen-Nachweis Nr. 7

Der Buchinhaber dokumentiert seine Teilnahme an folgender Fahrt:

1. Grundinformationen:

Gebiet:

Route:

Strecke über Grund in sm: Fahrtzeit von/bis:

Funktion an Bord:

2. Informationen zum Schiff:

Name:

Typ: ○ Segelyacht   ○ Motoryacht

Eigner: Flagge:

3. Informationen zum Schiffsführer:

Name: Vorname:

Anschrift:

Höchster nautischer Fähigkeitsnachweis des Schiffsführers:

Ich garantiere die Richtigkeit der obigen Angaben.

Datum: Unterschrift:

Anmerkungen, Hafenstenmpel, etc.

Seemeilen-Nachweis Nr. 8

Der Buchinhaber dokumentiert seine Teilnahme an folgender Fahrt:

1. Grundinformationen:

Gebiet:

Route:

Strecke über Grund in sm: Fahrtzeit von/bis:

Funktion an Bord:

2. Informationen zum Schiff:

Name:

Typ: ○ Segelyacht   ○ Motoryacht

Eigner: Flagge:

3. Informationen zum Schiffsführer:

Name: Vorname:

Anschrift:

Höchster nautischer Fähigkeitsnachweis des Schiffsführers:

Ich garantiere die Richtigkeit der obigen Angaben.

Datum: Unterschrift:

Anmerkungen, Hafenstenmpel, etc.

Seemeilen-Nachweis Nr. 9

Der Buchinhaber dokumentiert seine Teilnahme an folgender Fahrt:

1. Grundinformationen:

Gebiet:

Route:

Strecke über Grund in sm: Fahrtzeit von/bis:

Funktion an Bord:

2. Informationen zum Schiff:

Name:

Typ: ○ Segelyacht   ○ Motoryacht

Eigner: Flagge:

3. Informationen zum Schiffsführer:

Name: Vorname:

Anschrift:

Höchster nautischer Fähigkeitsnachweis des Schiffsführers:

Ich garantiere die Richtigkeit der obigen Angaben.

Datum: Unterschrift:

Anmerkungen, Hafenstenmpel, etc.

27

Seemeilen-Nachweis Nr. 10

Der Buchinhaber dokumentiert seine Teilnahme an folgender Fahrt:

1. Grundinformationen:

Gebiet:

Route:

Strecke über Grund in sm: Fahrtzeit von/bis:

Funktion an Bord:

2. Informationen zum Schiff:

Name:

Typ: ○ Segelyacht   ○ Motoryacht

Eigner: Flagge:

3. Informationen zum Schiffsführer:

Name: Vorname:

Anschrift:

Höchster nautischer Fähigkeitsnachweis des Schiffsführers:

Ich garantiere die Richtigkeit der obigen Angaben.

Datum: Unterschrift:

Anmerkungen, Hafenstenmpel, etc.

Seemeilen-Nachweis Nr. II

Der Buchinhaber dokumentiert seine Teilnahme an folgender Fahrt:

1. Grundinformationen:

Gebiet:

Route:

Strecke über Grund in sm: Fahrtzeit von/bis:

Funktion an Bord:

2. Informationen zum Schiff:

Name:

Typ: ○ Segelyacht   ○ Motoryacht

Eigner: Flagge:

3. Informationen zum Schiffsführer:

Name: Vorname:

Anschrift:

Höchster nautischer Fähigkeitsnachweis des Schiffsführers:

Ich garantiere die Richtigkeit der obigen Angaben.

Datum: Unterschrift:

Anmerkungen, Hafenstenmpel, etc.

Seemeilen-Nachweis Nr. 12

Der Buchinhaber dokumentiert seine Teilnahme an folgender Fahrt:

1. Grundinformationen:

Gebiet:

Route:

Strecke über Grund in sm: Fahrtzeit von/bis:

Funktion an Bord:

2. Informationen zum Schiff:

Name:

Typ: ○ Segelyacht   ○ Motoryacht

Eigner: Flagge:

3. Informationen zum Schiffsführer:

Name: Vorname:

Anschrift:

Höchster nautischer Fähigkeitsnachweis des Schiffsführers:

Ich garantiere die Richtigkeit der obigen Angaben.

Datum: Unterschrift:

Anmerkungen, Hafenstenmpel, etc.

Seemeilen-Nachweis Nr. 13

Der Buchinhaber dokumentiert seine Teilnahme an folgender Fahrt:

1. Grundinformationen:

Gebiet:

Route:

Strecke über Grund in sm: Fahrtzeit von/bis:

Funktion an Bord:

2. Informationen zum Schiff:

Name:

Typ: ○ Segelyacht   ○ Motoryacht

Eigner: Flagge:

3. Informationen zum Schiffsführer:

Name: Vorname:

Anschrift:

Höchster nautischer Fähigkeitsnachweis des Schiffsführers:

Ich garantiere die Richtigkeit der obigen Angaben.

Datum: Unterschrift:

Anmerkungen, Hafenstenmpel, etc.

Seemeilen-Nachweis Nr. 14

Der Buchinhaber dokumentiert seine Teilnahme an folgender Fahrt:

1. Grundinformationen:

Gebiet:

Route:

Strecke über Grund in sm: Fahrtzeit von/bis:

Funktion an Bord:

2. Informationen zum Schiff:

Name:

Typ: ○ Segelyacht   ○ Motoryacht

Eigner: Flagge:

3. Informationen zum Schiffsführer:

Name: Vorname:

Anschrift:

Höchster nautischer Fähigkeitsnachweis des Schiffsführers:

Ich garantiere die Richtigkeit der obigen Angaben.

Datum: Unterschrift:

Anmerkungen, Hafenstenmpel, etc.

Seemeilen-Nachweis Nr. 15

Der Buchinhaber dokumentiert seine Teilnahme an folgender Fahrt:

1. Grundinformationen:

Gebiet:

Route:

Strecke über Grund in sm: Fahrtzeit von/bis:

Funktion an Bord:

2. Informationen zum Schiff:

Name:

Typ: ◯ Segelyacht   ◯ Motoryacht

Eigner: Flagge:

3. Informationen zum Schiffsführer:

Name: Vorname:

Anschrift:

Höchster nautischer Fähigkeitsnachweis des Schiffsführers:

Ich garantiere die Richtigkeit der obigen Angaben.

Datum: Unterschrift:

Anmerkungen, Hafenstenmpel, etc.

Seemeilen-Nachweis Nr. 16

Der Buchinhaber dokumentiert seine Teilnahme an folgender Fahrt:

1. Grundinformationen:

Gebiet:

Route:

Strecke über Grund in sm: Fahrtzeit von/bis:

Funktion an Bord:

2. Informationen zum Schiff:

Name:

Typ: ◯ Segelyacht   ◯ Motoryacht

Eigner: Flagge:

3. Informationen zum Schiffsführer:

Name: Vorname:

Anschrift:

Höchster nautischer Fähigkeitsnachweis des Schiffsführers:

Ich garantiere die Richtigkeit der obigen Angaben.

Datum: Unterschrift:

Anmerkungen, Hafenstenmpel, etc.

Seemeilen-Nachweis Nr. 17

Der Buchinhaber dokumentiert seine Teilnahme an folgender Fahrt:

1. Grundinformationen:

Gebiet:

Route:

Strecke über Grund in sm: Fahrtzeit von/bis:

Funktion an Bord:

2. Informationen zum Schiff:

Name:

Typ: ○ Segelyacht   ○ Motoryacht

Eigner: Flagge:

3. Informationen zum Schiffsführer:

Name: Vorname:

Anschrift:

Höchster nautischer Fähigkeitsnachweis des Schiffsführers:

Ich garantiere die Richtigkeit der obigen Angaben.

Datum: Unterschrift:

Anmerkungen, Hafenstenmpel, etc.

Seemeilen-Nachweis Nr. 18

Der Buchinhaber dokumentiert seine Teilnahme an folgender Fahrt:

1. Grundinformationen:

Gebiet:

Route:

Strecke über Grund in sm: Fahrtzeit von/bis:

Funktion an Bord:

2. Informationen zum Schiff:

Name:

Typ: ◯ Segelyacht   ◯ Motoryacht

Eigner: Flagge:

3. Informationen zum Schiffsführer:

Name: Vorname:

Anschrift:

Höchster nautischer Fähigkeitsnachweis des Schiffsführers:

Ich garantiere die Richtigkeit der obigen Angaben.

Datum: Unterschrift:

Anmerkungen, Hafenstenmpel, etc.

Seemeilen-Nachweis Nr. 19

Der Buchinhaber dokumentiert seine Teilnahme an folgender Fahrt:

1. Grundinformationen:

Gebiet:

Route:

Strecke über Grund in sm: Fahrtzeit von/bis:

Funktion an Bord:

2. Informationen zum Schiff:

Name:

Typ: ○ Segelyacht ○ Motoryacht

Eigner: Flagge:

3. Informationen zum Schiffsführer:

Name: Vorname:

Anschrift:

Höchster nautischer Fähigkeitsnachweis des Schiffsführers:

Ich garantiere die Richtigkeit der obigen Angaben.

Datum: Unterschrift:

Anmerkungen, Hafenstenmpel, etc.

Seemeilen-Nachweis Nr. 20

Der Buchinhaber dokumentiert seine Teilnahme an folgender Fahrt:

1. Grundinformationen:

Gebiet:

Route:

Strecke über Grund in sm: Fahrtzeit von/bis:

Funktion an Bord:

2. Informationen zum Schiff:

Name:

Typ: ◯ Segelyacht   ◯ Motoryacht

Eigner: Flagge:

3. Informationen zum Schiffsführer:

Name: Vorname:

Anschrift:

Höchster nautischer Fähigkeitsnachweis des Schiffsführers:

Ich garantiere die Richtigkeit der obigen Angaben.

Datum: Unterschrift:

Anmerkungen, Hafenstenmpel, etc.

Seemeilen-Nachweis Nr. 21

Der Buchinhaber dokumentiert seine Teilnahme an folgender Fahrt:

1. Grundinformationen:

Gebiet:

Route:

Strecke über Grund in sm: Fahrtzeit von/bis:

Funktion an Bord:

2. Informationen zum Schiff:

Name:

Typ: ◯ Segelyacht   ◯ Motoryacht

Eigner: Flagge:

3. Informationen zum Schiffsführer:

Name: Vorname:

Anschrift:

Höchster nautischer Fähigkeitsnachweis des Schiffsführers:

Ich garantiere die Richtigkeit der obigen Angaben.

Datum: Unterschrift:

Anmerkungen, Hafenstenmpel, etc.

Seemeilen-Nachweis Nr. 22

Der Buchinhaber dokumentiert seine Teilnahme an folgender Fahrt:

1. Grundinformationen:

Gebiet:

Route:

Strecke über Grund in sm: Fahrtzeit von/bis:

Funktion an Bord:

2. Informationen zum Schiff:

Name:

Typ: ◯ Segelyacht   ◯ Motoryacht

Eigner: Flagge:

3. Informationen zum Schiffsführer:

Name: Vorname:

Anschrift:

Höchster nautischer Fähigkeitsnachweis des Schiffsführers:

Ich garantiere die Richtigkeit der obigen Angaben.

Datum: Unterschrift:

Anmerkungen, Hafenstenmpel, etc.

Seemeilen-Nachweis Nr. 23

Der Buchinhaber dokumentiert seine Teilnahme an folgender Fahrt:

1. Grundinformationen:

Gebiet:

Route:

Strecke über Grund in sm: Fahrtzeit von/bis:

Funktion an Bord:

2. Informationen zum Schiff:

Name:

Typ: ◯ Segelyacht   ◯ Motoryacht

Eigner: Flagge:

3. Informationen zum Schiffsführer:

Name: Vorname:

Anschrift:

Höchster nautischer Fähigkeitsnachweis des Schiffsführers:

Ich garantiere die Richtigkeit der obigen Angaben.

Datum: Unterschrift:

Anmerkungen, Hafenstenmpel, etc.

Seemeilen-Nachweis Nr. 24

Der Buchinhaber dokumentiert seine Teilnahme an folgender Fahrt:

1. Grundinformationen:

Gebiet:

Route:

Strecke über Grund in sm: Fahrtzeit von/bis:

Funktion an Bord:

2. Informationen zum Schiff:

Name:

Typ: ◯ Segelyacht   ◯ Motoryacht

Eigner: Flagge:

3. Informationen zum Schiffsführer:

Name: Vorname:

Anschrift:

Höchster nautischer Fähigkeitsnachweis des Schiffsführers:

Ich garantiere die Richtigkeit der obigen Angaben.

Datum: Unterschrift:

Anmerkungen, Hafenstenmpel, etc.

Seemeilen-Nachweis Nr. 25

Der Buchinhaber dokumentiert seine Teilnahme an folgender Fahrt:

1. Grundinformationen:

Gebiet:

Route:

Strecke über Grund in sm: Fahrtzeit von/bis:

Funktion an Bord:

2. Informationen zum Schiff:

Name:

Typ: ◯ Segelyacht   ◯ Motoryacht

Eigner: Flagge:

3. Informationen zum Schiffsführer:

Name: Vorname:

Anschrift:

Höchster nautischer Fähigkeitsnachweis des Schiffsführers:

Ich garantiere die Richtigkeit der obigen Angaben.

Datum: Unterschrift:

Anmerkungen, Hafenstenmpel, etc.

Seemeilen-Nachweis Nr. 26

Der Buchinhaber dokumentiert seine Teilnahme an folgender Fahrt:

1. Grundinformationen:

Gebiet:

Route:

Strecke über Grund in sm: Fahrtzeit von/bis:

Funktion an Bord:

2. Informationen zum Schiff:

Name:

Typ: ◯ Segelyacht ◯ Motoryacht

Eigner: Flagge:

3. Informationen zum Schiffsführer:

Name: Vorname:

Anschrift:

Höchster nautischer Fähigkeitsnachweis des Schiffsführers:

Ich garantiere die Richtigkeit der obigen Angaben.

Datum: Unterschrift:

Anmerkungen, Hafenstenmpel, etc.

Seemeilen-Nachweis Nr. 27

Der Buchinhaber dokumentiert seine Teilnahme an folgender Fahrt:

1. Grundinformationen:

Gebiet:

Route:

Strecke über Grund in sm: Fahrtzeit von/bis:

Funktion an Bord:

2. Informationen zum Schiff:

Name:

Typ: ◯ Segelyacht   ◯ Motoryacht

Eigner: Flagge:

3. Informationen zum Schiffsführer:

Name: Vorname:

Anschrift:

Höchster nautischer Fähigkeitsnachweis des Schiffsführers:

Ich garantiere die Richtigkeit der obigen Angaben.

Datum: Unterschrift:

Anmerkungen, Hafenstenmpel, etc.

Seemeilen-Nachweis Nr. 28

Der Buchinhaber dokumentiert seine Teilnahme an folgender Fahrt:

1. Grundinformationen:

Gebiet:

Route:

Strecke über Grund in sm: Fahrtzeit von/bis:

Funktion an Bord:

2. Informationen zum Schiff:

Name:

Typ: ○ Segelyacht   ○ Motoryacht

Eigner: Flagge:

3. Informationen zum Schiffsführer:

Name: Vorname:

Anschrift:

Höchster nautischer Fähigkeitsnachweis des Schiffsführers:

Ich garantiere die Richtigkeit der obigen Angaben.

Datum: Unterschrift:

Anmerkungen, Hafenstenmpel, etc.

Seemeilen-Nachweis Nr. 29

Der Buchinhaber dokumentiert seine Teilnahme an folgender Fahrt:

1. Grundinformationen:

Gebiet:

Route:

Strecke über Grund in sm: Fahrtzeit von/bis:

Funktion an Bord:

2. Informationen zum Schiff:

Name:

Typ: ○ Segelyacht   ○ Motoryacht

Eigner: Flagge:

3. Informationen zum Schiffsführer:

Name: Vorname:

Anschrift:

Höchster nautischer Fähigkeitsnachweis des Schiffsführers:

Ich garantiere die Richtigkeit der obigen Angaben.

Datum: Unterschrift:

Anmerkungen, Hafenstenmpel, etc.

Seemeilen-Nachweis Nr. 30

Der Buchinhaber dokumentiert seine Teilnahme an folgender Fahrt:

1. Grundinformationen:

Gebiet:

Route:

Strecke über Grund in sm: Fahrtzeit von/bis:

Funktion an Bord:

2. Informationen zum Schiff:

Name:

Typ: ○ Segelyacht   ○ Motoryacht

Eigner: Flagge:

3. Informationen zum Schiffsführer:

Name: Vorname:

Anschrift:

Höchster nautischer Fähigkeitsnachweis des Schiffsführers:

Ich garantiere die Richtigkeit der obigen Angaben.

Datum: Unterschrift:

Anmerkungen, Hafenstenmpel, etc.

Seemeilen-Nachweis Nr. 31

Der Buchinhaber dokumentiert seine Teilnahme an folgender Fahrt:

1. Grundinformationen:

Gebiet:

Route:

Strecke über Grund in sm: Fahrtzeit von/bis:

Funktion an Bord:

2. Informationen zum Schiff:

Name:

Typ: ○ Segelyacht ○ Motoryacht

Eigner: Flagge:

3. Informationen zum Schiffsführer:

Name: Vorname:

Anschrift:

Höchster nautischer Fähigkeitsnachweis des Schiffsführers:

Ich garantiere die Richtigkeit der obigen Angaben.

Datum: Unterschrift:

Anmerkungen, Hafenstenmpel, etc.

Seemeilen-Nachweis Nr. 32

Der Buchinhaber dokumentiert seine Teilnahme an folgender Fahrt:

1. Grundinformationen:

Gebiet:

Route:

Strecke über Grund in sm: .... Fahrtzeit von/bis:

Funktion an Bord:

2. Informationen zum Schiff:

Name:

Typ: ○ Segelyacht ○ Motoryacht

Eigner: .... Flagge:

3. Informationen zum Schiffsführer:

Name: .... Vorname:

Anschrift:

Höchster nautischer Fähigkeitsnachweis des Schiffsführers:

Ich garantiere die Richtigkeit der obigen Angaben.

Datum: .... Unterschrift:

Anmerkungen, Hafenstenmpel, etc.

Seemeilen-Nachweis Nr. 33

Der Buchinhaber dokumentiert seine Teilnahme an folgender Fahrt:

1. Grundinformationen:

Gebiet:

Route:

Strecke über Grund in sm: Fahrtzeit von/bis:

Funktion an Bord:

2. Informationen zum Schiff:

Name:

Typ: ○ Segelyacht   ○ Motoryacht

Eigner: Flagge:

3. Informationen zum Schiffsführer:

Name: Vorname:

Anschrift:

Höchster nautischer Fähigkeitsnachweis des Schiffsführers:

Ich garantiere die Richtigkeit der obigen Angaben.

Datum: Unterschrift:

Anmerkungen, Hafenstenmpel, etc.

Seemeilen-Nachweis Nr. 34

Der Buchinhaber dokumentiert seine Teilnahme an folgender Fahrt:

1. Grundinformationen:

Gebiet:

Route:

Strecke über Grund in sm: Fahrtzeit von/bis:

Funktion an Bord:

2. Informationen zum Schiff:

Name:

Typ: ○ Segelyacht   ○ Motoryacht

Eigner: Flagge:

3. Informationen zum Schiffsführer:

Name: Vorname:

Anschrift:

Höchster nautischer Fähigkeitsnachweis des Schiffsführers:

Ich garantiere die Richtigkeit der obigen Angaben.

Datum: Unterschrift:

Anmerkungen, Hafenstenmpel, etc.

Seemeilen-Nachweis Nr. 35

Der Buchinhaber dokumentiert seine Teilnahme an folgender Fahrt:

1. Grundinformationen:

Gebiet:

Route:

Strecke über Grund in sm: Fahrtzeit von/bis:

Funktion an Bord:

2. Informationen zum Schiff:

Name:

Typ: ○ Segelyacht   ○ Motoryacht

Eigner: Flagge:

3. Informationen zum Schiffsführer:

Name: Vorname:

Anschrift:

Höchster nautischer Fähigkeitsnachweis des Schiffsführers:

Ich garantiere die Richtigkeit der obigen Angaben.

Datum: Unterschrift:

Anmerkungen, Hafenstenmpel, etc.

Seemeilen-Nachweis Nr. 36

Der Buchinhaber dokumentiert seine Teilnahme an folgender Fahrt:

1. Grundinformationen:

Gebiet:

Route:

Strecke über Grund in sm: Fahrtzeit von/bis:

Funktion an Bord:

2. Informationen zum Schiff:

Name:

Typ: ◯ Segelyacht   ◯ Motoryacht

Eigner: Flagge:

3. Informationen zum Schiffsführer:

Name: Vorname:

Anschrift:

Höchster nautischer Fähigkeitsnachweis des Schiffsführers:

Ich garantiere die Richtigkeit der obigen Angaben.

Datum: Unterschrift:

Anmerkungen, Hafenstenmpel, etc.

Seemeilen-Nachweis Nr. 37

Der Buchinhaber dokumentiert seine Teilnahme an folgender Fahrt:

1. Grundinformationen:

Gebiet:

Route:

Strecke über Grund in sm: Fahrtzeit von/bis:

Funktion an Bord:

2. Informationen zum Schiff:

Name:

Typ: ○ Segelyacht   ○ Motoryacht

Eigner: Flagge:

3. Informationen zum Schiffsführer:

Name: Vorname:

Anschrift:

Höchster nautischer Fähigkeitsnachweis des Schiffsführers:

Ich garantiere die Richtigkeit der obigen Angaben.

Datum: Unterschrift:

Anmerkungen, Hafenstenmpel, etc.

Seemeilen-Nachweis Nr. 38

Der Buchinhaber dokumentiert seine Teilnahme an folgender Fahrt:

1. Grundinformationen:

Gebiet:

Route:

Strecke über Grund in sm: Fahrtzeit von/bis:

Funktion an Bord:

2. Informationen zum Schiff:

Name:

Typ: ◯ Segelyacht   ◯ Motoryacht

Eigner: Flagge:

3. Informationen zum Schiffsführer:

Name: Vorname:

Anschrift:

Höchster nautischer Fähigkeitsnachweis des Schiffsführers:

Ich garantiere die Richtigkeit der obigen Angaben.

Datum: Unterschrift:

Anmerkungen, Hafenstenmpel, etc.

Seemeilen-Nachweis Nr. 39

Der Buchinhaber dokumentiert seine Teilnahme an folgender Fahrt:

1. Grundinformationen:

Gebiet:

Route:

Strecke über Grund in sm: Fahrtzeit von/bis:

Funktion an Bord:

2. Informationen zum Schiff:

Name:

Typ: ○ Segelyacht   ○ Motoryacht

Eigner: Flagge:

3. Informationen zum Schiffsführer:

Name: Vorname:

Anschrift:

Höchster nautischer Fähigkeitsnachweis des Schiffsführers:

Ich garantiere die Richtigkeit der obigen Angaben.

Datum: Unterschrift:

Anmerkungen, Hafenstenmpel, etc.

Seemeilen-Nachweis Nr. 40

Der Buchinhaber dokumentiert seine Teilnahme an folgender Fahrt:

1. Grundinformationen:

Gebiet:

Route:

Strecke über Grund in sm: Fahrtzeit von/bis:

Funktion an Bord:

2. Informationen zum Schiff:

Name:

Typ: ○ Segelyacht   ○ Motoryacht

Eigner: Flagge:

3. Informationen zum Schiffsführer:

Name: Vorname:

Anschrift:

Höchster nautischer Fähigkeitsnachweis des Schiffsführers:

Ich garantiere die Richtigkeit der obigen Angaben.

Datum: Unterschrift:

Anmerkungen, Hafenstenmpel, etc.

Seemeilen-Nachweis Nr. 41

Der Buchinhaber dokumentiert seine Teilnahme an folgender Fahrt:

1. Grundinformationen:

Gebiet:

Route:

Strecke über Grund in sm: Fahrtzeit von/bis:

Funktion an Bord:

2. Informationen zum Schiff:

Name:

Typ: ○ Segelyacht   ○ Motoryacht

Eigner: Flagge:

3. Informationen zum Schiffsführer:

Name: Vorname:

Anschrift:

Höchster nautischer Fähigkeitsnachweis des Schiffsführers:

Ich garantiere die Richtigkeit der obigen Angaben.

Datum: Unterschrift:

Anmerkungen, Hafenstenmpel, etc.

Seemeilen-Nachweis Nr. 42

Der Buchinhaber dokumentiert seine Teilnahme an folgender Fahrt:

1. Grundinformationen:

Gebiet:

Route:

Strecke über Grund in sm: Fahrtzeit von/bis:

Funktion an Bord:

2. Informationen zum Schiff:

Name:

Typ: ○ Segelyacht   ○ Motoryacht

Eigner: Flagge:

3. Informationen zum Schiffsführer:

Name: Vorname:

Anschrift:

Höchster nautischer Fähigkeitsnachweis des Schiffsführers:

Ich garantiere die Richtigkeit der obigen Angaben.

Datum: Unterschrift:

Anmerkungen, Hafenstenmpel, etc.

Seemeilen-Nachweis Nr. 43

Der Buchinhaber dokumentiert seine Teilnahme an folgender Fahrt:

1. Grundinformationen:

Gebiet:

Route:

Strecke über Grund in sm: Fahrtzeit von/bis:

Funktion an Bord:

2. Informationen zum Schiff:

Name:

Typ: ○ Segelyacht   ○ Motoryacht

Eigner: Flagge:

3. Informationen zum Schiffsführer:

Name: Vorname:

Anschrift:

Höchster nautischer Fähigkeitsnachweis des Schiffsführers:

Ich garantiere die Richtigkeit der obigen Angaben.

Datum: Unterschrift:

Anmerkungen, Hafenstenmpel, etc.

Seemeilen-Nachweis Nr. 44

Der Buchinhaber dokumentiert seine Teilnahme an folgender Fahrt:

1. Grundinformationen:

Gebiet:

Route:

Strecke über Grund in sm: Fahrtzeit von/bis:

Funktion an Bord:

2. Informationen zum Schiff:

Name:

Typ: ◯ Segelyacht   ◯ Motoryacht

Eigner: Flagge:

3. Informationen zum Schiffsführer:

Name: Vorname:

Anschrift:

Höchster nautischer Fähigkeitsnachweis des Schiffsführers:

Ich garantiere die Richtigkeit der obigen Angaben.

Datum: Unterschrift:

Anmerkungen, Hafenstenmpel, etc.

Seemeilen-Nachweis Nr. 45

Der Buchinhaber dokumentiert seine Teilnahme an folgender Fahrt:

1. Grundinformationen:

Gebiet:

Route:

Strecke über Grund in sm: Fahrtzeit von/bis:

Funktion an Bord:

2. Informationen zum Schiff:

Name:

Typ: ○ Segelyacht   ○ Motoryacht

Eigner: Flagge:

3. Informationen zum Schiffsführer:

Name: Vorname:

Anschrift:

Höchster nautischer Fähigkeitsnachweis des Schiffsführers:

Ich garantiere die Richtigkeit der obigen Angaben.

Datum: Unterschrift:

Anmerkungen, Hafenstenmpel, etc.

Seemeilen-Nachweis Nr. 46

Der Buchinhaber dokumentiert seine Teilnahme an folgender Fahrt:

1. Grundinformationen:

Gebiet:

Route:

Strecke über Grund in sm: Fahrtzeit von/bis:

Funktion an Bord:

2. Informationen zum Schiff:

Name:

Typ: ◯ Segelyacht   ◯ Motoryacht

Eigner: Flagge:

3. Informationen zum Schiffsführer:

Name: Vorname:

Anschrift:

Höchster nautischer Fähigkeitsnachweis des Schiffsführers:

Ich garantiere die Richtigkeit der obigen Angaben.

Datum: Unterschrift:

Anmerkungen, Hafenstenmpel, etc.

Seemeilen-Nachweis Nr. 47

Der Buchinhaber dokumentiert seine Teilnahme an folgender Fahrt:

1. Grundinformationen:

Gebiet:

Route:

Strecke über Grund in sm: Fahrtzeit von/bis:

Funktion an Bord:

2. Informationen zum Schiff:

Name:

Typ: ◯ Segelyacht ◯ Motoryacht

Eigner: Flagge:

3. Informationen zum Schiffsführer:

Name: Vorname:

Anschrift:

Höchster nautischer Fähigkeitsnachweis des Schiffsführers:

Ich garantiere die Richtigkeit der obigen Angaben.

Datum: Unterschrift:

Anmerkungen, Hafenstenmpel, etc.

Seemeilen-Nachweis Nr. 48

Der Buchinhaber dokumentiert seine Teilnahme an folgender Fahrt:

1. Grundinformationen:

Gebiet:

Route:

Strecke über Grund in sm: Fahrtzeit von/bis:

Funktion an Bord:

2. Informationen zum Schiff:

Name:

Typ: ○ Segelyacht   ○ Motoryacht

Eigner: Flagge:

3. Informationen zum Schiffsführer:

Name: Vorname:

Anschrift:

Höchster nautischer Fähigkeitsnachweis des Schiffsführers:

Ich garantiere die Richtigkeit der obigen Angaben.

Datum: Unterschrift:

Anmerkungen, Hafenstenmpel, etc.

Seemeilen-Nachweis Nr. 49

Der Buchinhaber dokumentiert seine Teilnahme an folgender Fahrt:

1. Grundinformationen:

Gebiet:

Route:

Strecke über Grund in sm: Fahrtzeit von/bis:

Funktion an Bord:

2. Informationen zum Schiff:

Name:

Typ: ◯ Segelyacht   ◯ Motoryacht

Eigner: Flagge:

3. Informationen zum Schiffsführer:

Name: Vorname:

Anschrift:

Höchster nautischer Fähigkeitsnachweis des Schiffsführers:

Ich garantiere die Richtigkeit der obigen Angaben.

Datum: Unterschrift:

Anmerkungen, Hafenstenmpel, etc.

Seemeilen-Nachweis Nr. 50

Der Buchinhaber dokumentiert seine Teilnahme an folgender Fahrt:

1. Grundinformationen:

Gebiet:

Route:

Strecke über Grund in sm: Fahrtzeit von/bis:

Funktion an Bord:

2. Informationen zum Schiff:

Name:

Typ: ◯ Segelyacht   ◯ Motoryacht

Eigner: Flagge:

3. Informationen zum Schiffsführer:

Name: Vorname:

Anschrift:

Höchster nautischer Fähigkeitsnachweis des Schiffsführers:

Ich garantiere die Richtigkeit der obigen Angaben.

Datum: Unterschrift:

Anmerkungen, Hafenstenmpel, etc.